NOTICE

SUR

M. DE LAAGE DE MEUX

PAR

M. BAGUENAULT DE VIÉVILLE

Président de la Société d'Agriculture, Sciences, Belles-Lettres et Arts
d'Orléans.

ORLÉANS

IMPRIMERIE DE PUGET ET Cie, RUE VIEILLE-POTERIE, 9

1878

NOTICE

SUR

M. DE LAAGE DE MEUX

PAR

M. BAGUENAULT DE VIÉVILLE

Président de la Société d'Agriculture, Sciences, Belles-Lettres et Arts
d'Orléans.

ORLÉANS

IMPRIMERIE DE PUGET ET Cie, RUE VIEILLE-POTERIE, 9

1878

NOTICE

SUR

M. DE LAAGE DE MEUX

Nos Sociétés agricoles ont été douloureusement émues de la mort de M. de Laage : Qu'il me soit permis d'être leur organe et d'exposer ses titres à une sympathie si généralement manifestée.

François-Edouard de Laage de Meux naquit à Orléans, le 30 août 1784.

Sa famille originaire de la Saintonge vint s'établir à Orléans dans la première moitié du XVIIIe siècle. Plusieurs de ses membres remplissaient des fonctions importantes à l'administration des finances de l'État.

Son père était receveur-général des impositions et son grand-père receveur des tailles et directeur général des fermes du Roi au département de l'Orléanais.

Un de ses oncles périt en 1793 sur l'échafaud révolutionnaire, à la tête et comme doyen des fermiers généraux.

M. de Laage passa sa première jeunesse partie à Orléans, partie au château de Lamotte-Beuvron, que ses pères avaient acheté en 1745 du duc de Grammont, fondé de pouvoir de la maison de Duras qui possédait ce vaste domaine.

Il reçut dans le sein de sa famille une éducation particulière, et revint se fixer à Orléans en 1805, après la vente de la terre de Lamotte que nécessita le partage de la succession paternelle. Mais ses goûts se portaient vers la campagne par ses souvenirs d'enfance, et peut-être par un sentiment secret de ses aptitudes.

Ce ne fut qu'en 1814 qu'il acquit la terre de *Maisonfort* pour un prix qui paraîtrait aujourd'hui bien modique vu la contenance et la position, mais que plusieurs membres de sa famille jugèrent excessif; il ne s'en inquiéta pas, et n'eut pas lieu de se repentir de son acquisition.

Cette propriété située canton d'Olivet était composée alors de 232 hectares de bois, dont la plus grande partie en chêne, et de 550 hectares de terres labourables ou bruyères; les terres, d'une nature aride et légère, ne produisaient que des seigles bien clairs et des sarrasins bien maigres.

Maître de ce large territoire, M. de Laage s'étudia à en tirer parti; il vit de suite que ce sol inerte et dépourvu d'humus pourrait difficilement être cultivé avec avantage. La proximité d'Orléans et d'Olivet lui donna l'idée d'y créer des bois; mais la végétation du chêne est généralement sans vigueur dans un terrain sans corps; et, en outre, semer des bois de chêne c'était faire des avances considérables à une terre avare de ses produits. Plusieurs propriétés voisines, entr'autres la Source, l'Émérillon, les Quatre-Vents, Maisonfort même, possédaient des parties plantées de bois de pin qu'on exploitait en cordes et en bourrées pour les usines des environs; M. de Laage résolut donc d'abord de faire chaque année un semis de 20 à 25 hectares en pins, de manière à se créer au bout d'un certain temps un revenu fixe et régulier par la vente ou l'abatage d'une étendue de pinières égale.

Il se mit donc à l'œuvre.

A sept ou huit ans les premiers massifs de pin exigèrent des dépressages et fournirent des bourrées qui s'enlevèrent assez bien pour les fours à chaux d'Olivet et les tuileries de Saint-Pryvé. Quelques années plus tard, de nouvelles éclaircies étant jugées nécessaires pour que l'air pût librement circuler autour des tiges, M. de Laage fit proposer des échalas de pin au vignoble. Ceux qu'on y employait alors étaient en chêne ou en châtaignier fendus : le prix en était élevé, et, par économie, les vignerons essayèrent les échalas de pin, en furent contents et y revinrent plus nombreux ; l'écoulement en resta donc assuré. Les éclaircies successives amenant des sujets plus forts, ils furent exploités soit en cotrets rondins, soit en bois de corde, dont la plus grande partie fut enlevée par les usines.

Cependant le débouché n'en était que restreint, les usines ne pouvaient tout absorber et le propriétaire était menacé d'un encombrement : l'idée lui vint alors de faire fendre ces bois trop gros pour échalas et pour cotrets, dans l'espoir de trouver une nouvelle industrie qui pût en hâter la consommation. Il proposa l'entreprise à un fendeur qui travaillait alors à Maisonfort. Celui-ci refusa, sous le prétexte que le bois de pin était roide et cassant et se divisait mal : toutefois il offrit de le faire, non pas à la tâche, mais à la journée dont il fixa le prix. Ce prix, quoique élevé, fut accepté, et il fabriqua ainsi mille cotrets qui restèrent plus d'une année dans la vente sans trouver d'acquéreur. Enfin un boulanger, longtemps sollicité, consentit à en faire l'essai, et en enleva 500 à bas prix ; il revint peu de temps après rechercher les 500 autres. Quelques demandes nouvelles survinrent, et bientôt se multiplièrent tellement qu'on eut peine à y satisfaire. Telle est l'origine des cotrets de pin fendus qui forment aujourd'hui l'aliment le plus recherché des fours de boulangerie, et le produit le plus net de la Sologne.

Une fois la fente admise et adoptée, les pins se débitèrent en échalas fendus avec écorce, en échalas de cœur ou de quartiers et même en lattes, dont l'emploi et la durée ont été jugés satisfaisants et propres surtout aux réparations de bâtiments.

Bientôt le bois de pin, qui n'était admis que dans les usines et dans les poêles, arriva dans les foyers par une transformation bien simple que lui fit subir M. de Laage, l'écorçage à vif. Ce bois, après quelques années d'abatage, perd son écorce de lui-même, brûle mal et sans profit ; écorcé au moment de son abatage pendant l'été et exposé à l'air, l'ardeur du soleil détermine la sortie de la résine qui s'épanche sur le bois, s'y coagule et devient un élément très-actif de combustion et de chaleur.

Plus tard s'introduisit à Maisonfort un autre revenu des pinières dont la propagation revient en propre à M. de Laage, c'est celui des *cônes* ou pommes de pin qui, recueillies sur les cimes, puis ouvertes au soleil, donnèrent le double produit du fruit d'abord comme ardent combustible, puis de la graine comme élément de reproduction de l'arbre. Le produit des pommes de pin, tout modeste qu'il paraisse, entra pour une assez forte proportion dans les revenus de la propriété, et la vente s'en est répandue rapidement non-seulement à Orléans, mais à Paris où elles sont fort recherchées. La graine qu'on tirait autrefois de Bordeaux ou du Mans n'arrivait ici qu'avec certains frais, quelquefois ancienne et de mauvaise qualité ; dès qu'on fut sûr de sa provenance et de sa nouveauté, le débit en fut prompt et la récolte souvent retenue à l'avance.

Les pins respectés dans tous les dépressages sont naturellement les plus droits et les plus beaux, et se vendent facilement pour bois de charpente et de sciage.

Encouragé par le succès croissant de son entreprise, M. de Laage lui donna de plus grandes proportions. Il avait étendu ses pinières ; de nouvelles acquisitions de terrain lui permirent de les augmenter encore, et la terre de Maisonfort devint toute l'année un vaste atelier d'où les produits du pin s'écoulèrent sous toutes les formes et à tous les âges.

Quoique le pin maritime soit celui qui est le plus répandu à Maisonfort, M. de Laage en a semé quelques autres espèces qui réussirent également bien, surtout le pin sylvestre et le pin Laricio de Corse dont nous avons vu de fort beaux massifs.

Indépendamment des arbres résineux, M. de Laage fit des plantations de chêne et de bouleau, mais avec prudence et toujours en y mêlant des pins, afin qu'en cas d'insuccès des glandées ou boulettes, il pût retrouver dans les bois résineux le bénéfice que les essences feuillues viendraient à lui refuser. Les bois de chêne étaient aménagés à l'âge de quinze ans et vendus, soit à l'adjudication, soit à l'amiable, soit même débités et façonnés par lui.

Il travailla à regarnir les vagues et clairières des anciens taillis de chêne avec du plant de pin sylvestre, et il y réussit bien : nous dirons en passant que c'est le moyen de repeuplement le plus économique et le plus sûr.

M. de Laage, entré en 1814 propriétaire de 230 hectares de bois, en possèdait 1,300 à sa mort. Ces bois sont bien tenus, dépressés convenablement ; l'air circule librement partout. Quelques parties plus claires se ressement d'elles-mêmes d'une manière tellement satisfaisante qu'on est obligé de les dégarnir, ce qui fournit, pour les pins sylvestres, des sujets de repeuplement.

L'histoire de l'industrie sylvicole de M. de Laage fut donc l'histoire des transformations successives du pin, depuis son premier développement où il s'exploite en bourrées, jusqu'à sa dernière période où il se convertit en bois de charpente et de sciage.

La culture à Maisonfort est à peu près ce qu'elle peut être sur ce sol ingrat ; il y a peu d'efforts à faire là où il y a peu de produits à attendre. M. de Laage faisait valoir quelques métairies ; les autres étaient affermées aux deux cinquièmes nets pour le propriétaire qui n'entrait dans aucuns frais de récolte, battage et semence. Les prairies artificielles ont été essayées, le trèfle incarnat seul y réussit.

La proximité du vignoble lui permettait de louer des terres en détail à des prix avantageux.

L'administration de M. de Laage était pleine de prévoyance et d'économie ; les agents participaient aux produits qu'ils avaient charge de protéger et de faire naître : les gardes, les bergers étaient intéressés aux revenus des bois et des troupeaux, et cet intérêt faisait quelquefois la plus grande partie de leur salaire ; ainsi le bénéfice chez eux se trouvait au bout de l'accomplissement du devoir.

Le parti inattendu qu'il avait tiré d'une terre de Sologne lui attira naturellement beaucoup de demandes et de renseignements auxquels il répondait avec une extrême obligeance, engageant à venir voir sa propriété, montrant l'état primitif de quelques parties, l'état amélioré des autres, indiquant les procédés qu'il avait employés pour passer de l'un à l'autre état.

Cette influence féconde s'exerça d'abord dans son voisinage, puis de proche en proche s'étendit dans le département et dans les départements limitrophes ; la Sologne se couvrit de pins, les bruyères disparurent peu à peu pour faire place à de nouvelles terres quand les vieilles terres étaient livrées au boisement. La santé publique y gagnait aussi bien que le revenu du propriétaire.

M. de Laage fut élu en 1826 membre de notre *Société des Sciences et Arts* pour la section d'agriculture où sa place était naturellement marquée. Il n'était pas ce qu'on appelle un *écrivain* ; néanmoins chargé de l'examen de plusieurs mémoires sur l'économie rurale de la Sologne et sur différents systèmes d'exploitation des pins, il sut clairement dénoncer les exagérations et les illusions de leurs auteurs. Chacun reconnut dans ses rapports sa prudence et ses vues pratiques.

Toujours modeste, M. de Laage n'avait jamais songé à d'autre récompense que le succès de son œuvre, mais le cri public s'éleva en sa faveur. Le Comice agricole d'Orléans dont il était Vice-Président demanda et obtint pour lui la croix de la Légion-d'Honneur ; nulle distinction n'avait été mieux méritée et plus généralement approuvée.

Après avoir amélioré, mis en parfait état et augmenté du double la contenance de Maisonfort, M. de Laage reporta sur d'autres acquisitions ses procédés d'amélioration. Avant d'opérer il étudiait les lieux, les ressources du pays, les besoins de la population, la plus ou moins grande distance des débouchés, l'industrie et le commerce de la contrée, le nombre et la capacité des ouvriers dont il pourrait disposer, etc. ; et au bout d'un certain temps l'activité régnait dans des campagnes qu'il avait souvent trouvées inertes et sans vie.

Cependant l'industrie des cotrets s'étendait de jour en jour et la valeur en augmentait avec le nombre, phénomène rare dans le commerce. Paris les avait adoptés après quelques hésitations dans le principe ; les gares de chemins de fer, malgré l'activité de leurs chargements, suffisaient à peine à satisfaire aux demandes de la boulangerie. Les propriétaires, qui ne se lassaient pas d'en fabriquer, ignoraient parfois quel était l'initiateur de ce genre d'exploitation de leurs pins.

M. Boinvilliers, président du Comité central agricole de la Sologne, ne l'ignorait pas ; il avait nommé M. de Laage Président de la section du boisement, et s'était promis de lui faire avoir la rosette d'Officier de la Légion-d'Honneur ; il avait déjà commencé des démarches à cet égard, quand survinrent les évènements de 1870 : l'affaire en resta là.

M. de Laage n'en a jamais rien su.

Mais l'industrie agricole n'était qu'un brillant épisode de son existence si bien remplie ; je manquerais à sa mémoire si je ne parlais de ses rapports avec la société et de sa vie de famille.

Ferme dans ses convictions religieuses et politiques, ses opinions, quelque nettes qu'elles fussent, n'étaient une gêne pour personne ; il accueillait tous ceux qui s'adressaient à lui avec la même affabilité.

Je ne dirai rien de sa bienfaisance; il aimait, comme le veut l'Evangile, à faire le bien en secret. Je ne divulguerai que le don gratuit d'un immeuble offert pour l'établissement d'une école de charité à la paroisse d'où relevait une de ses propriétés.

Dans l'intérieur du foyer domestique, il avait des trésors de tendresse auxquels répondait bien le cœur de ses enfants qui tour à tour venaient passer chez lui, avec leur famille, une longue période de temps pour adoucir et consoler la solitude de son veuvage.

Tous les membres de sa nombreuse parenté étaient reçus avec affection, et si quelques-uns d'entre eux venaient chez lui pour y puiser quelques conseils, ces conseils étaient donnés avec une bienveillance paternelle et une lucidité d'esprit qu'il conserva jusqu'à la fin.

Devenu aveugle depuis quelques années, il ne pouvait

que difficilement sortir dans la ville ; mais, chaque semaine, il allait à Maisonfort chercher au milieu des bois qu'il avait créés, l'air pur nécessaire à l'entretien de sa santé et au soutien de ses forces.

Cependant, les jours de M. de Laage étaient comptés ; la Providence avait fixé le terme de cette laborieuse existence ; il fut enlevé à sa famille le 10 février 1878, à l'âge de 94 ans, laissant après lui l'exemple d'une vie utile et sympathique à tous, honorée par le travail, éclairée par l'intelligence et sanctifiée par la pratique de toutes les vertus religieuses, sociales et domestiques.

www.ingramcontent.com/pod-product-compliance
Lightning Source LLC
Chambersburg PA
CBHW070436080426
42450CB00031B/2673